第二代传承人梁启标将九江桂花茶饼制作工艺传授第三代传承人梁洁　摄影者：曾金霞

制作完成的九江桂花茶饼　摄影者：梁启标

2012 年，农民青阳腔剧团在湖口县“喜迎十八大”晚会上演出　童艳华摄

2016 年，修水县漫江乡宁红村传承人制茶

2016 瑞昌剪纸培训班

2017 年德安南河戏演出　魏铭摄

传承人向外国友人展示瑞昌剪纸

传承人喻远莉编扎草龙 2017 年　童艳华摄

德安潘公戏《相伴”千年“（传承人和木偶在一起）》　沈波 摄

德安潘公戏传承人向教材编写组成员展示演出道具

东林寺净土宗做法事　蔡志平摄

都昌鼓书社区演出

湖口粑俗　杨华摄

湖口草龙 舞耀洪城 2019 年 4 月湖口草龙参加江西省“活色生香”非遗展演　童艳华摄

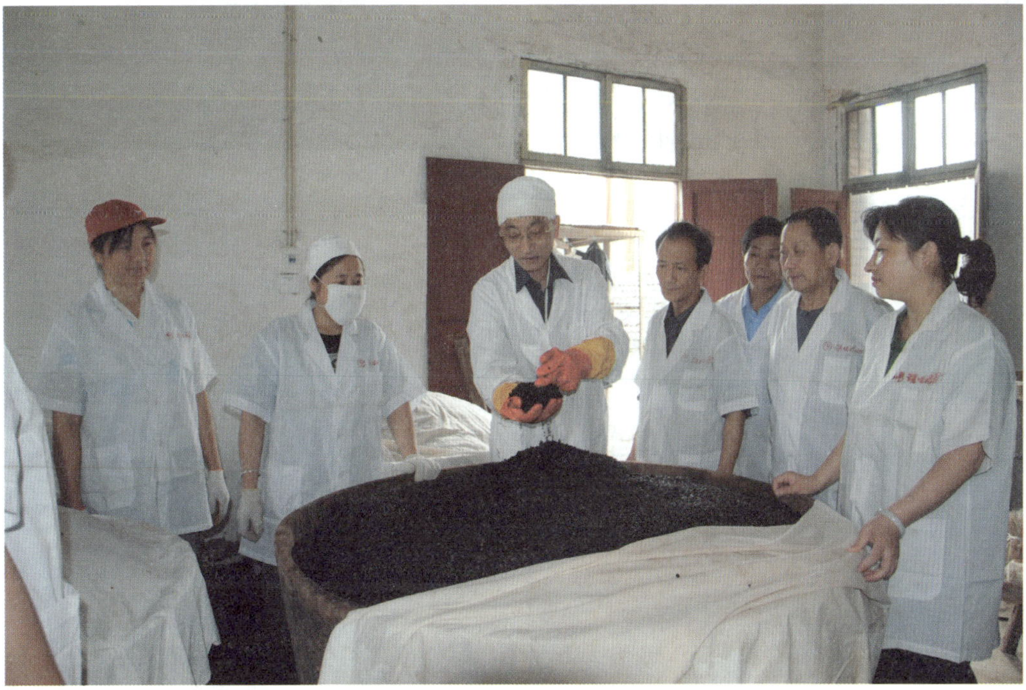

湖口豆豉传承人周江林传承豆豉制作技艺　杨华摄

湖口木船制作技艺

教材编写组对德安潘公戏国家级传承人进行访谈

教材编写组对全丰花灯国家级传承人进行访谈

教材编写组对星子金星砚制作技艺省级传承人进行访谈

教材编写组与湖口草龙国家级传承人合影

教材编写组与湖口青阳腔省级传承人合影

教材编写组与庐山西河戏国家级传承人合影

教材编写组与瑞昌剪纸省级传承人合影

教材编写组与瑞昌竹编国家级传承人合影

教材编写组与义门陈家训传统国家级传承人合影

教材编写组与永修丫丫戏国家级传承人合影

九江山歌之对歌　周明摄

九江王万和中医传承人正在看诊

九江吴氏酱味制作技艺

九江秧号“开秧门”的场面

庐山市横塘镇 作品名：雕刻金星砚　柳智摄

全丰花灯制作

庐山西河戏展演

庐山云雾茶制作技艺之庐山茶园采茶　蔡志平摄

瑞昌范镇河灯节——祭龙

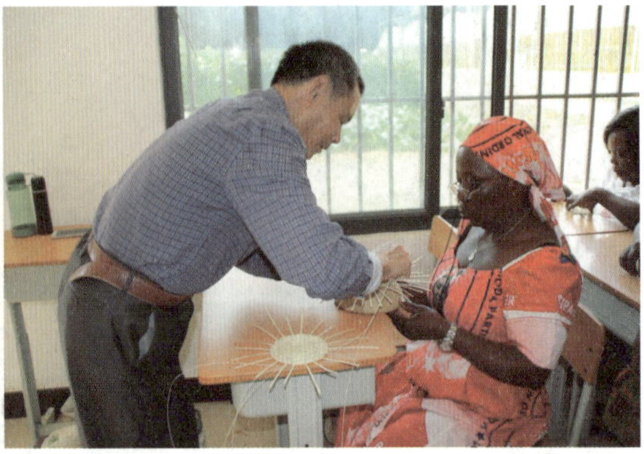

瑞昌竹编国家级传承人前往非洲教授竹编技艺

瑞昌竹编国家级传承人田先敏传承竹制水果盘技艺　柯长安摄

瑞昌竹编作品之《对鸡》

武宁打鼓歌传承人演绎山里歌者　蒋德先摄

武宁戏社火

小姑与彭郎传说改编黄梅戏

修水贡砚

修水麟祥堂罗盘制作技艺

修水贡砚制作

修水宁河戏展演

一圣仙娘花灯

义门陈家训传统登上央视《我有传家宝》栏目

义门陈开展家风家训传承学习活动

永修建昌锣鼓　金和平摄

永修丫丫戏演出